DON BOSCO
VERLAG

Elmar Gruber

SELBSTGESPRÄCHE MIT GOTT

Mit Bildern von Sieger Köder

Don Bosco

Die Deutsche Bibliothek – CIP-Einheitsaufnahme

Ein Titeldatensatz für diese Publikation ist bei
Der Deutschen Bibliothek erhältlich.

verlags gruppe engagement

1. Auflage 2001 / ISBN 3-7698-1248-4

Umschlag: Margret Russer
Fotos: Ewald Hortig, München
Produktion: Don Bosco Grafischer Betrieb, Ensdorf

Inhalt

Einführung

Die heilende Kraft des Gesprächs wird in unserer Zeit wieder neu entdeckt, und es wird versucht, sie in der Gesprächstherapie zur Anwendung zu bringen. – Wenn ich mich aussprechen und »los – sprechen« kann, wenn ich zu Wort komme und meine Probleme zur Sprache bringen kann, geht es mir immer besser. Ich brauche allerdings eine Partnerin bzw. einen Partner, die/der mir Gehör schenkt, mich versteht und nicht verurteilt.

Für Glaubende ist das heilende Gespräch eine »Gnade«, ein Geschenk, zu dem ich beitragen, das ich aber letztlich nicht »machen« und erzwingen kann.

Gespräch ist Begegnung. Das Eigentliche und Wesentliche der Begegnung im Wort ereignet sich im Inneren des Menschen. – Der Mensch muss im Lauf seines Lebens lernen, die Partnerin/den Partner immer mehr in seinem Inneren zu finden. Das Ziel ist, dass ich Gott finde als meinen absolut zuverlässigen, verständnisvollen und immer ansprechbaren Partner meines Lebens.

Das heilende Gespräch kann sich nur ereignen in einem Erlebnisraum, in dem nicht verurteilt und bestraft wird, in einem Bereich, in dem auch das, was nicht sein darf, da sein darf.

Ein »beleidigter«, »zürnender«, »strafender« Gott entspricht zwar unserem angeborenen Vergeltungsdenken, ist aber nicht geeignet als Partner für ein heilendes Gespräch. Jesus hat uns vom »Zorn Gottes« dadurch befreit, dass er uns vom Bild des zürnenden, strafenden Gottes erlöst und uns die absolute Liebe, die bedingungslos und unverlierbar alle immer liebt (den »gnädigen Gott«), ein für allemal geoffenbart hat.

Die Betrachtungen dieses Buches wollen anregen zum heilenden Gespräch mit diesem Gott. – Dieser Gott spricht zuerst uns an und löst unsere Zunge, damit wir uns vor ihm zur Sprache bringen können. Er spricht nicht *mit*, sondern *in* Worten.

In unserem computergesteuerten Leben ist ein Verlust der Sprache zu beklagen. Worte werden durch kurzlebige, konsumbezogene Wörter ersetzt, in denen das eigentliche Leben erstorben ist. Die Worte und Wortspielereien der folgenden Betrachtungen sind ein Versuch, Worte auf ihren Ursprung in der Lebenserfahrung hin zu durchleuchten, in der Gott »vor – kommt«. Die Betrachtungen wollen auf

Erfahrungen aufmerksam machen, die jeder Mensch haben kann, die aber durch unsere einseitig vernunft- und konsumorientierte Lebensweise verloren gegangen sind.

Die folgenden Betrachtungen wollen ferner aufmerksam machen auf den Symbolcharakter der gesamten Wirklichkeit. In einem Dreischritt kann man diesen Symbolcharakter verdeutlichen, z.B.:

Gott ist da ***wie*** *Brot.*
Gott ist da ***im*** *Brot.*
Gott ist da ***als*** *Brot.*

Die Kurzformel »Gott ist Brot« kann auch umgekehrt werden: »Brot ist Gott«. Diese Formel ist freilich nicht pantheistisch zu verstehen. Die Kalorien sind nicht Gott. Das eigentliche Wesen des Brotes (die »Substanz« = das, was zugrunde liegt) sind nicht die Kalorien. – Das ist Gott, dessen Liebe sich im Brot, im Mahl, »realisiert«, d.h. dinglich-sinnlich verwirklicht.

Insofern ist Gott, die ewige Liebe, »das Herz aller Dinge«. Alles ist Symbol – jeder Händedruck, jeder freundliche Blick, der gute Tonfall in der Stimme ... – Jedes Geschöpf ist schließlich Symbol für Gott, der nicht Geschöpf ist, der sich aber in den Geschöpfen erfahrbar macht.

Speziell im eucharistischen Brot ist noch ausdrücklich die gesamte Jesus- und Gemeindeerfahrung mit enthalten.

Die Anrede in den folgenden Texten ist an Gott und an Jesus, den »verkörperten Gott«, gerichtet. Was davon mehr im Vordergrund steht, ergibt sich aus den Texten selbst.

Die Betrachtungen sind gegliedert in drei Gruppen:

- **Ich bin:** *Gott spricht den Menschen an.*
- ***Du bist:*** *Wir sprechen Gott an.*
- **Wir sind:** *Wir machen uns bewusst, was Gott in uns wirkt.*

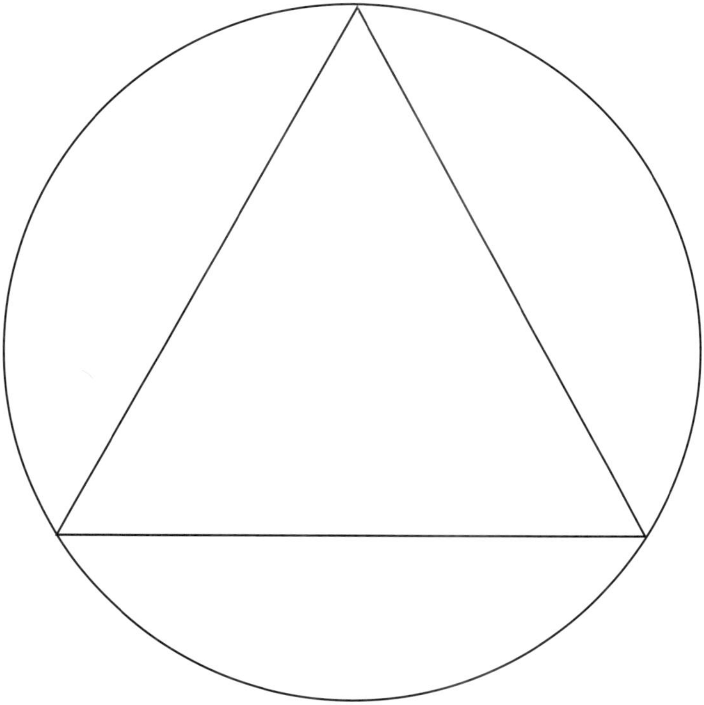

Ich bin

Ich bin, der ich bin. Ich bin »Da«.

»Der Name des Herrn
sei gepriesen von nun an
bis in Ewigkeit.«

(Psalm 113,2)

Du bist,
der du bist.
Ich kann dich nicht begreifen;
könnte ich dich begreifen,
wärst du nicht mehr du.

Meine vielen Fragen –
warum, warum, warum –
bekommen keine Antwort,
weil es keine Antwort gibt,
oder weil ich sie
nicht begreifen kann.

Die Liebe,
in der ich dich
als das ewige Du erfahre,
macht es möglich,
dich in deiner Unbegreiflichkeit
zu lieben,
und dir zu vertrauen,
trotzdem ich dich nicht verstehe.

Ich kann dich nicht
in den Griff bekommen,
auch nicht durch meine Vollkommenheit;
denn du liebst die Bösen auch.
Wenn ich dich prüfen will,
fällst du bei mir immer durch.

Du bist »da«;
du bist das »Da« in allem,
was »da« ist.
Du bist mein »Da«,
mein Dasein.
Mit jedem Atemzug
erhältst du mich im Dasein.
Ohne dich
kann ich nicht sein.
Ich bin da,
weil du da bist;
du bist da,
weil ich da bin.

In der Spannung von Gegensätzen,
von Plus und Minus,
erhältst du alles im Dasein:
Leben und Tod,
Freude und Leid,
Lust und Schmerz
sind in dir geeint
in der ewigen Harmonie des Daseins.

Das eine braucht das andere;
jedes ist nur
mit seinem Gegenüber möglich;
für sich allein ist auch das Positive
nicht mehr positiv.

Wegen dieser Einheit
kann ich in allem dir begegnen,
auch in Schmerz, Leid und Tod
und in allem, was wir »böse« nennen.

Am Kreuz bist du zugegen
als Ermordeter unter allen Ermordeten.

*

HERR, *lass mich begreifen,*
dass ich dich nicht begreifen kann.
Lass mich
durch deine Unbegreiflichkeit
nicht an deiner Liebe zweifeln.

Ich bin Brot.

»Alle aßen
und wurden satt.«

(Lukas 9,17)

Du
bist das Brot des Lebens,
das lebendige Brot,
das »Brot vom Himmel«,
das alle Liebe, alle »Süßigkeit«
in sich enthält.

In jedem Bissen,
den ich esse,
realisierst du deine Liebe,
von der wir leben.

Du
teilst das Brot,
du teilst dich mit
im Brot.

Das Brot wird mehr
durch deine Liebe.
Der »Mehrwert«
liegt in deiner Liebe,
die meine Sehnsucht stillt.

Wer davon isst,
wird nie mehr hungern.

Fünf Brote – fünftausend Menschen:
Alle aßen
und wurden satt.
Das Kleinste wird zum Zeichen
deiner grenzenlosen Liebe.

Brot, Essen, Mahl, –
– deine Liebe
in deiner Person ist es,
die wir uns einspeisen
und einverleiben.

Was sich in Speis' und Trank,
in Brot und Wein verkörpert,
verkörpert sich
in deinem Fleisch und Blut,
in deiner irdischen Gestalt.
»Nehmt hin und esst,
das bin ich.«

In der Weise von Brot und Wein
bist du schon im Abendmahl
auferstanden vom Körpertod.
So bist du immer
bei uns, –
in uns.

*

HERR, *du bist mir nah im Brot;*
bleib bei mir, bleib in mir,
damit ich mein Leben
und meinen Tod bestehe.

Ich bin (das) Licht.

»Du machst meine Finsternis hell.«

(Psalm 18,29)

Du bist das Licht,
das Licht ohne Schatten,
das alle Schatten erhellt.

Du erleuchtest mich,
damit ich recht sehe
und recht erkenne;
damit ich mehr sehe und erschaue,
als meine Augen sehen.

In deinem Licht
sehe ich das Licht.
In deinem Licht
sehe ich alles anders:

Du gibst mir neue Aussichten
und neue Ansichten,
wenn mein Leben
aussichtslos geworden ist.

Du gibst mir
Durchblick und Orientierung,
wenn ich mich nicht mehr
kenne und auskenne, –
wenn ich nicht mehr weiß
wo ein, wo aus.

Dein Licht
kann ich weitergeben;
denn du bist einleuchtend
für jeden Menschen,
der sich nach dem Licht des Lebens
sehnt.

Deine Strahlen
bringen die Ruinen meines Lebens
zum Leuchten.
In deinem Licht
darf alles so sein,
wie es ist.
Vor dir brauche ich mich –
brauche ich nichts zu verstecken.
Vor dir kann ich mich immer
sehen lassen.

Du entziehst dich nie
und gehst nie weg,
auch wenn ich mich dir entziehen
und die Finsternis
mehr lieben sollte.

Meine Finsternis
und die Finsternisse aller Menschen
sind in dir aufgehoben,
bis wir uns bekehren
und uns verwandeln lassen
durch dein Licht:
Das Licht durchdringt die Finsternis,
doch nie die Finsternis das Licht.

*

HERR, *lass mich erkennen,*
dass auch meine Finsternis
in deinem Licht geborgen ist.
Ich will mich öffnen,
damit mich dein Licht
immer mehr durchdringen kann.

Ich bin der gute Hirt.

»Wer nicht durch
die Tür hineingeht,
sondern anderswo einsteigt,
ist ein Dieb und ein Räuber.«

(Johannes 10,1)

Du bist der gute Hirt.
Du gibst dein irdisches Leben für uns,
damit wir das Leben
deiner ewigen Liebe
erkennen, anerkennen
und in uns aufnehmen.

Du kennst mich ganz.
Du weißt, was mir fehlt,
schon bevor ich es weiß.

Du rufst mich beim Namen.
Ich –, aber auch alle anderen

sind ganz einmalig für dich.
Ich erkenne deine Stimme;
in jeder liebenden Stimme
höre ich deine Stimme heraus.

Du bist kein Einbrecher.
Du achtest meine Freiheit.
Du klopfst an
und kommst durch die Tür,
die ich dir öffnen muss.

Du hast mir die Sehnsucht nach dir
ins Herz gegeben.
Diese Sehnsucht gibt mir die Kraft,
die Tür zu öffnen,
die von meinem Egoismus immer
wieder verschlossen gehalten wird.

Du kommst durch die Tür,
die du selber bist.
Du gehst durch dich hindurch.
Du gehst aus dir heraus,
ganz selbstlos,
damit du ganz ohne Zwang
in mich eingehst
und mir mein wahres Selbst erschließt.

Du selbst wirst meine Tür.
In den Bruchstellen meines Lebens

zerbrechen die Riegel,
mit denen ich selbst
die Tür verschlossen halte.

Die Macht deiner Liebe ist so stark,
dass schließlich Schloss und Riegel
von selbst zerbrechen
und dir den Zugang geben.

Du kommst zu mir
und treibst mich an.
Du führst mich hinaus
auf die Weide – ins Weite.

Der Dieb kommt
mit der Macht der Gewalt
in schlechter Absicht.
Du kommst mit der Macht der Liebe,
die in ganz anderer Weise
unwiderstehlich ist.

Du schiebst mich
in jedem Leidensdruck meines Lebens.
Du ziehst mich
in den Augenblicken meines Glücks.

Du kommst,
»damit sie das Leben haben
und es in Fülle haben« *(Johannes 10,10)*.

Du bist der gute Hirt.
Du gehst dem Verlorenen nach,
bis du es findest.
Darum gibt es keine Verlorenen
in deiner Herde.
Und deine Herde –
das sind alle Menschen.

*

HERR, *lass mich in Freud und Leid*
deine Liebe erkennen.

Ich bin (die) Tür.

»Wer durch mich hineingeht,
wird gerettet werden;
er wird ein- und ausgehen
und Weide finden.«

(Johannes 10,9)

Du bist die lebendige Tür,
die sich selbst öffnet und verschließt.
Ich brauche Türen,
die zur rechten Zeit offen
oder verschlossen sind.
Auf dich kann ich mich verlassen.
Du bist offen und verschlossen
zur rechten Zeit.

Du bist meine Tür –
ein Stück bewegliche Wand.
Du lässt mich aus- und eingehen.
Du weißt,
wann ich aus mir herausgehen,
und wann ich mich zurückziehen muss.

Du gibst mir Freiheit und Weite.
Du gibst mir Geborgenheit,
Sicherheit und Schutz.

Du grenzt mich ab,
damit ich mich nicht verliere
und mich engagiere,
wo es sinnlos ist.

Du weist mich in die Grenzen,
wenn ich im Übermut
ausbrechen will.

Du bist die Stelle,
wo ich Zugang finde
zu mir selbst,
zu den Menschen und Geschöpfen
und zu Gott.

Du bist die Tür zu Gott,
die Tür zur allbarmherzigen Liebe,
die allen alles immer vergibt.
Ich kann durch diese Tür
noch nicht gehen;
meine Unbarmherzigkeit hält mich ab.

Durch diese Tür kommt nur,
wer selbst gnädig und barmherzig wird
wie Gott.

Der Unbarmherzige
stößt sich an der Liebe Gottes
und wird abgestoßen,
solange er sich nicht bekehrt.

Ich kann mich dieser Tür nur nähern,
um schließlich doch
ganz ihrer Einladung zu folgen.

Du bist die Tür in meinem Leben.
Der Türhüter, mein Gewissen,
muss darauf achten,
dass du immer
die Tür meines Lebens bleibst.

*

HERR, *öffne mich*
für die Liebe und die Barmherzigkeit.
Verschließe mich dem Hass, der Rache
und allem Egoismus.

Ich bin (der) Weinstock.

»Bleibt in mir,
dann bleibe ich in euch.«

(Johannes 15,4)

Du bist mein Halt.
Du hältst mich,
wenn ich mich selbst
nicht mehr halten kann.
Du hältst mich immer,
wenn ich mich an dich halte
in den Enttäuschungen
und Haltlosigkeiten meines Lebens.

Du hältst uns zusammen;
du bist unser Zusammenhalt,
wenn wir ganz auseinander sind
und (uns) nicht mehr
zusammenhalten können.

Wenn wir uns an dich halten,
sind wir immer gut dran
und gut beisammen.

Wenn wir an dir dran sind,
strömt dein Leben in uns:
Du lebst in uns;
wir leben aus dir;
wir »stammen« von dir ab.
Wir brauchen nicht mehr
aus uns selbst zu leben.

Wenn ich aus mir selber lebe,
ist mit dem Tod alles aus.
Wenn ich aus dir lebe,
bringt der Tod die ewige Vollendung.

Du machst mich fruchtbar:
Dein Leben wird fruchtbar,
indem es mein Leben fruchtbar macht.
Du vermehrst dich durch mich.
Ich darf dein Leben weiterschenken.

Ich darf dabei sein,
wenn dein Leben durch mich
auch in anderen aufgeht
und zum Weinstock wird, –
wenn deine Liebe, die mich begeistert,
auch andere begeistert.

Du reinigst mich, befreist mich,
schneidest ab,
was sinnlos Kraft verbraucht.

Ich soll ganz »Frucht« werden:
kostbar, genießbar und erfreulich.

Aus der Frucht soll Wein werden.
Wein ist das Getränk der Freude.
Du bist meine Freude.
In dieser Freude
kann ich mich verschenken;
außer dich
brauche ich nichts mehr festzuhalten.
Ich kann mich »aus-schenken«
und »ein-schenken« wie Wein.
Dabei erlebe ich mich selbst
als »Ge-schenk«.

Deine befreienden Schnitte,
die vielen Verzichte auf Liebgewordenes,
tun jedoch sehr weh,
und oft verstehe ich sie nicht.
Doch wenn du dahinter stehst,
vertraue ich darauf,
dass alles einen Sinn hat,
auch wenn ich ihn jetzt
noch nicht erkennen kann.

*

HERR, du bist der Halt
und die Kraft meines Lebens.
Gib mir die Kraft, alles loszulassen,
was nur Kraft kostet und
keinen Sinn hat.

Ich bin (der) Weg.

»Er hat uns den neuen und lebendigen Weg erschlossen.«

(Hebräer 10,20)

Du bist der lebendige Weg,
der auf mich eingeht,
mich abholt dort,
wo ich bin,
wo ich mich verirrt habe.
Du holst mich ab
und »führst mich hinaus
ins Weite« *(Psalm 18,33)*,
hinweg über alle Mauern
und Hindernisse.

Mit dir – bei dir
geht es immer weiter;
bei dir geht es mir immer gut.

Du bist Weg und Ziel zugleich.
Du bist der rechte Weg,
auch wenn ich das Ziel
noch nicht erkennen kann.

Wer dir nachgeht,
wer sich immer wieder
auf dich einstellt,
erreicht auch auf verschiedenen Wegen
– sogar auf Umwegen und Abwegen –
mit Sicherheit das große Ziel:
dich!

Du gibst Gebote
als Wegweiser zum Weg:
zum Weg der Liebe
in der Verantwortung
meines Gewissens.

Du bist der Weg,
den ich »begehen« kann
in den Feiern und Festen
deiner Liebe.
Du kommst zu mir als Weg;
dich trage ich im Herzen
als meinen Weg,
den ich nie verliere,
als Weg,
der mich durch alle Wüsten führt.

Du führst mich
von mir
zu dir.

*

HERR, *hole mich ab*
in den Sackgassen meines Lebens.
Gib mir das Vertrauen,
dass mein Leben ein ewiges Ziel hat,
auch wenn ich es oft nicht sehen kann.

Ich bin (die) Wahrheit.

»Jeder, der aus
der Wahrheit ist,
hört auf meine Stimme.«

(Johannes 18,37)

Du bist die lebendige Wahrheit,
die sich nur
in der liebenden Begegnung
zu erkennen gibt.
»Man sieht nur mit dem Herzen gut …«

Alle Wahrheitssuche bleibt vergeblich,
bis sie dich
gefunden hat:
Du bist die Liebe.
Die Liebe ist die ewige
letzte Wahrheit.
Die »liebe Wahrheit«
ist die wahre Liebe.

Du bist die Wurzel,
aus der die vielen Wahrheiten
erwachsen,
die nebeneinander bestehen können,
bereit zum Dialog
und zur weiteren Entwicklung.

Du bist der Ursprung
aller Toleranz.
Ohne dich
ist die Wahrheit nicht mehr wahr;
sie wird zum Instrument der Lüge
und des Hasses.

Du bist die »wirkliche« Wahrheit,
die selbst erkennt,
bevor sie erkannt wird:
»Du kennst mich ganz«,
bevor ich beginne,
mich selbst zu erkennen.

Deine bedingungslose Anerkennung
gibt mir den Mut
zur ungeschminkten Selbsterkenntnis,
und sie bewahrt mich vor Selbstbetrug.

Bei dir
findet auch das Böse Anerkennung;
du weißt, was ihm fehlt,

um gut zu sein:
die Liebe fehlt ihm, –
du fehlst ihm.

Du nimmst es geduldig wie ein Lamm
auf dich,
um es durch die wirkliche Liebe
zu verwandeln.

Wenn wir uns an dich »heften«,
machst du uns wahrhaftig:
Wir können uns erkennen und anerkennen
und offen alle Wahrheit sagen,
ohne zu verletzen.

*

HERR, *mach mich durch deine Liebe*
wahrhaftig.
Nimm mir die Angst vor der Wahrheit.
Gib mir den Mut,
die Wahrheit anzunehmen
und die Wahrheit auszusprechen.

Ich bin (das) Leben.

»Das ist das ewige Leben:
dich, den einzigen wahren Gott,
zu erkennen und Jesus Christus,
den du gesandt hast.«

(Johannes 17,3)

Du bist das Leben,
das eigentliche, wahre,
unsterbliche Leben,
das der Tod nicht töten kann.

Du bist da
als die Kraft in der Freude,
als die Kraft in der Not,
als das tiefe Glück,
das sogar im Leid erfahrbar ist.

Du bist da
als die Erfüllung
meiner tiefsten Sehnsucht:
In den Augenblicken der Erfüllung,

in den Sternstunden meines Lebens
bist du die Fülle.

Du hast die Sehnsucht nach dir,
nach dem unsterblichen Leben,
in mein sterbliches Fleisch eingepflanzt.

Ich verkenne meine Sehnsucht,
wenn ich versuche,
sie irdisch zu befriedigen.
»Unruhig ist unser Herz,
bis es ruhet in dir«.

Das Haben des wahren Lebens
liegt im Erkennen:
Dieses Leben ist immer gegenwärtig,
aber erst im Erkennen
wird es lebendig in meinem Bewusstsein.

Du bist immer da.
»Von vorn und von hinten
umgibst du mich,
und obendrauf
deckst du deine Hand« *(Psalm 139,4)*.
Du wartest nur darauf,
dass ich dich glaubend erkenne
als das Ziel meiner Sehnsucht
und als die Fülle der Augenblicke
meines Glücks.

Dann gehst du auf in mir
und wirst die tragende Kraft
in meinem vergänglichen Leben.

Du trägst mich
durch den Tod hindurch
und rettest mein Wesen
aus der Verweslichkeit
des körperlichen Daseins.

*

HERR, *lass mich erkennen,*
dass du die Erfüllung meiner Sehnsucht bist
und die Fülle meines Glücks.
Bewahre mich
vor der Vergötzung des Lebens,
das der Tod beendet.

Ich bin die Auferstehung.

»Jeder, der lebt und
an mich glaubt,
wird auf ewig nicht sterben.«

(Johannes 11,26)

Du rufst die Toten beim Namen:
Für dich
sind sie nicht tot,
wenn auch ihr Körper verwest.

Du rufst den Lazarus heraus
aus dem Tod,
heraus aus der Verwesung.
Du holst ihn nicht zurück
ins alte Leben,
in dem er nochmals
sterben müsste.

Lazarus hört deine Stimme,
und er kommt heraus:
Es kommt heraus und wird offenbar,
dass er da ist –
zunächst verdeckt
mit gebundenen Händen und Füßen.

Du sagst: Löst ihm die Binden
und lasst ihn gehen!
Wir müssen durch unsere Trauer
die Anwesenheit unserer Toten
von der verweslichen Gestalt befreien.

Wir müssen sie weggehen lassen –
zu dir,
damit sie uns durch dich,
mit dir und in dir
neu und unverlierbar
begegnen können.
Erst wenn wir unsere Toten gehen lassen
und an dich glauben,
können wir mit ihnen
eine neue Gemeinschaft finden.

Die Toten sprechen an,
wenn wir sie im Glauben ansprechen.
Wir erahnen ihr Dasein
durch die körperlich trennende Wand
des Todes hindurch.

Du bist das ewige Leben.
Wer an dich glaubt,
findet jetzt schon
den Zugang zum unsterblichen Leben.
Wer dich findet
und dir im Glauben begegnet,
wird von dir schon jetzt erweckt
zum ewigen Leben.

Durch dich
werden die ewigen Belange meines Lebens
wichtiger als die irdischen.
So wirst du meine Auferstehung
schon vor meinem Tod.
Durch dich
verliert der Tod seinen Stachel
und seine Schrecken.

*

HERR, *befreie mich vom Zwang,*
die Wirklichkeit nur materiell zu sehen.
Lass mich im vergänglichen Leben
die Zeichen
des unsterblichen Lebens erkennen.

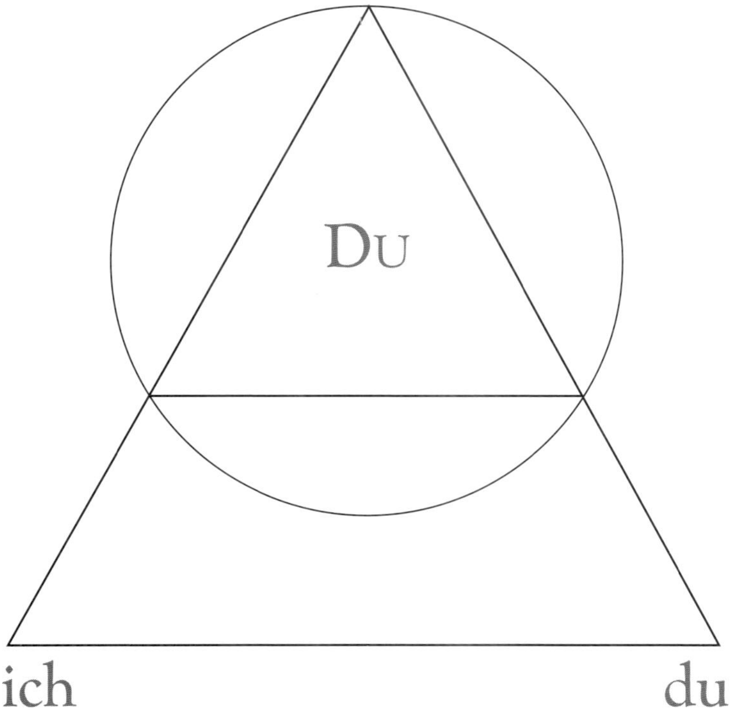

DU BIST

Du bist die Liebe.

»Gott ist die Liebe,
und wer in der Liebe bleibt,
bleibt in Gott,
und Gott bleibt in ihm.«

(1 Johannes 4,16)

Gott ist die Liebe,
und die Liebe ist Gott.

Die Liebe hat Gefühl,
aber sie ist nicht Gefühl.
Die Liebe ist Kraft, Energie.

Du bist die Kraft,
die alles ins Dasein ruft,
alles, was da ist –
die Kraft,
die alles bewirkt,
was geschieht.

Du bist die Kraft,
die alles eint:
mich mit mir selbst,
mich mit allen Menschen
und Geschöpfen,
mich mit dir.
Du bist die Kraft,
die alles in Beziehung setzt
zur Harmonie des Ganzen.
Du bist in jeder Beziehung
die Beziehung.

Du bewirkst mein Ich;
du machst mein Ich zum Selbst:
Du beschenkst mich mit mir selbst
und bewirkst,
dass ich mich selbst
als dein Geschenk erlebe.
Du beschenkst mich
mit dem sterblichen
und dem unsterblichen Leben.

Du bewirkst mein Du.
Du machst,
dass ich im anderen Menschen
das Du finde,
das mich beglückt.
Du machst,
dass ich selbst zum Du für andere werde.

Du bist das Du,
das jedes Du bewirkt.

In mir selbst
und in jedem Du
kann ich dir,
dem ewigen Du,
begegnen.

Du bist die Lösung
aller Konflikte,
wenn meine Beziehungen
in die Prüfung kommen.

*

HERR, *stärke meinen Glauben*
an die ewige Liebe.
Bewahre mich vor der Vergötzung der Gefühle
und vor ihrer Verdrängung.

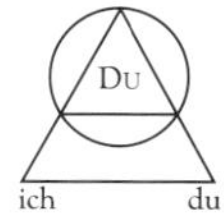

Du bist der Bräutigam.

»Wie der Bräutigam sich freut
über die Braut, so freut sich
dein Gott über dich.«

(Jesaja 62,5)

Du bist mein Bräutigam.
Du selbst stellst dein Verhältnis
zu uns Menschen dar –
im allgemeinen und im einzelnen –
wie das Verhältnis von Bräutigam und Braut.

Wir, ob Mann oder Frau,
sind deine Braut.
Nach alter (alttestamentlicher) Vorstellung
gibt der Mann das Leben weiter,
das die Frau empfängt.
Als »Braut«
bin ich demnach ganz offen für dich.

Ich warte auf dich,
damit ich dein Leben
als mein Leben von dir empfange.

Ich bin »Maria«,
deine Braut, deine Geliebte;
ich kenne keinen anderen »Mann«.
Ich bin ganz auf dich eingestellt
und empfänglich für dich,
um dich zu empfangen
und zur Welt zu bringen.

Im »Hochzeitsmahl«
ist alles zusammengefasst,
was du für uns bist,
und was wir für dich sind.

Du machst unsere irdische Hochzeit
und alle beglückenden Beziehungen
zum Symbol
und zum Erfahrungsort,
an dem wir dich,
den ewigen Bräutigam, erleben.

Du bist treu.
Wenn wir den Bund brechen,
knüpfst du ihn immer wieder neu.
Von deiner Treue
kommt die Kraft zu unserer Treue.

Ohne dich
kann kein Mensch treu sein.
Und wer treu ist,
ist das bewusst oder unbewusst
aus der Kraft deiner Liebe,
aus einer Kraft,
die der Mensch selbst nicht erzeugen kann.

*

HERR, *lass mich in allen Beziehungen*
dein Du finden.
Mach mich treu
durch deine Treue.

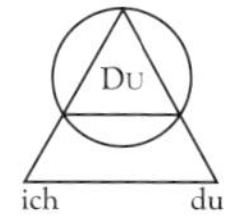

Du bist Wasser.

»Wer Durst hat, komme zu mir;
und es trinke,
wer an mich glaubt.
Aus seinem Inneren
werden Ströme von
lebendigem Wasser fliessen.«

(Johannes 7,37f)

Du bist da wie Wasser;
du bist da im Wasser.
»Meine Seele dürstet nach Gott,
nach dem lebendigen Gott« *(Psalm 42,3)*.
»Meiner Seele Sehnen
hast du gestillt, o Herr«.

Du stillst meinen Durst
nach wahrer Liebe.
Du machst mich fähig,
wahrhaftig zu lieben
und diesen Durst zu stillen.

Du bist in mir,
wenn ich geliebt werde
und dadurch liebend werde.

Deine Liebe ist ausgegossen;
deine Liebe ist eingegossen
in unsere Herzen.
Ich bin getauft,
eingetaucht in dich,
in deine Liebe.
Deine Liebe erfüllt mich
und geht mir unter die Haut.

Deine Liebe löst;
sie ist die Lösung unlösbarer Probleme.
Du bist die Auflösung,
die Verflüssigung meiner Verhärtungen,
die Erweichung meiner Hartherzigkeit.

Du bist meine Ablösung,
wenn ich zu sehr verhaftet bin
und mich und andere
unfrei gemacht habe.

Du kommst wie Regen,
»der alles Land befruchtet«.
Du bringst das Leben zum Keimen.
Du verwandelst »meine Wüste
in einen blühenden Garten«.

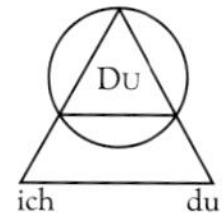

Du bist die Quelle;
die Liebe geht dir nie aus,
weil du die Liebe bist.

Du hast mich schon geliebt,
als ich noch nicht lieben konnte.
Du setzt den neuen Anfang,
wenn mir die Liebe ausgegangen ist.

Mit ewiger Liebe
bin ich geliebt.

*

HERR, *lass mich die Sehnsucht
nach dir erkennen, damit ich die Erfüllung
bei dir suche und nicht Menschen
damit überfordere.*

Du bist mein Fels.

»Verflucht der Mensch, der auf
Menschen vertraut, auf
schwaches Fleisch sich stützt ...
Gesegnet der Mensch, der
auf den Herrn sich verlässt,
und dessen Hoffnung
der Herr ist ...«

(Jeremia 17,5 und 7)

Du hast mich geschaffen
und in eine Welt gesetzt,
– ausgesetzt, eingesetzt –
in der ich mich selbst
zurechtfinden muss.

Du – und niemand – nimmst es mir ab,
dass ich selber leben
und mein Leben wagen muss.
Wenn ich mein Leben nicht wage,
wird es nicht das meine.

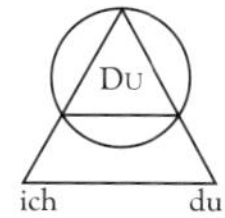

Du hast mir die Freiheit gegeben
mit allen ihren Risiken.
Du riskierst mich;
du riskierst auch,
dass mein Leben irdisch scheitert.

Kann ich dir noch trauen?
Was machst du mit mir?
Entweder liegt mein Leben
ganz in deinen Händen,
– die Sünde, den Tod
und alles Scheitern eingeschlossen –
oder du bist das größte Scheusal,
das man sich denken kann.

Ich muss zunächst einmal
»mein Haus«, meine Existenz,
irdisch aufbauen und ausbauen:
Beruf, Beziehungen,
Familie, Lebensstandard …
Da brauche ich Garantien,
Sicherheiten, Grundlagen,
auf die ich mich verlassen kann.

Du hast mir den Verstand gegeben
und die Fähigkeiten,
um mein Leben irdisch aufzubauen.
Du traust mir zu,
dass ich es schaffe.

Doch bleibt das letzte Risiko,
das alles in Frage stellt:
Krankheit, Katastrophen,
Schicksalsschläge,
Enttäuschungen aller Art,
… der Tod.

Das Vertrauen auf mich
und meine Fähigkeiten,
das Vertrauen auf Menschen
und menschliche Einrichtungen
gibt keine Sicherheit;
im Gegenteil: Je mehr ich vertraue
und vertrauen will,
desto größer wird die Angst
und die Unsicherheit.
Ich muss mein irdisches Haus
auf einen festeren Grund bauen
als auf den irdischen.

Du vertraust darauf,
dass ich dir vertraue
und auf dich baue,
auch in meinen irdischen Belangen.

Du bist mein Fels.
Wenn ich auf dich baue,
erfüllst du mir gewiss nicht
alle meine Wünsche.

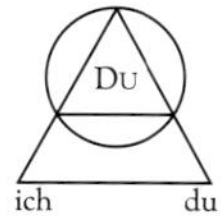

Du ersparst mir die Katastrophen nicht
und die Folgen meiner Fehler.
Doch du trägst mich
durch sie hindurch,
so dass sie mich nicht mehr
vernichten können.

*

HERR, *auf dich vertraue ich;*
ich werde ewig nicht zuschanden sein.
Lass mein Vertrauen auf dich
stärker sein
als mein Vertrauen auf mich
und auf die Menschen.

Du bist (der) Eckstein.

»Kommt zu ihm,
dem lebendigen Stein,
der von Menschen verworfen,
aber von Gott auserwählt
und geehrt worden ist.«

(1 Petrus 2,4)

Du bist der lebendige Stein,
die Einheit von tot und lebendig,
von Beständigkeit und Beweglichkeit,
die Einheit von hart und weich.

Du bist die Einheit
von außen und innen,
von sichtbar und unsichtbar,
von vergänglich und unvergänglich,
von Materie und Geist.

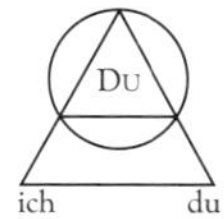

Du bist der lebendige Stein,
der selber baut.
Du baust dir ein Haus
aus lebendigen Steinen.

Du baust mich auf
und machst mich zum lebendigen Stein.
Du baust mich ein
als lebendigen Stein
in dein lebendiges Haus.

Du bewirkst die Kirche
als die sichtbare Gemeinschaft derer,
die von dir begeistert sind.

Du bewirkst die Kirche
in Vergangenheit, Gegenwart und Zukunft.
Du brauchst keine Stellvertreter,
sondern Zeugen
und Diener
deiner Liebe.

Dein Haus
ist die Einheit aller Steine.
Im Dialog, –
in ihrem Zusammenhalt,
offenbarst du deine »unfehlbare«
und »allein seligmachende«
Wahrheit.

Deine absolute Liebe
ist die unfehlbare Wahrheit.
Sie baut die Kirche auf,
und sie wirkt sich aus
bis in die äußere Gestalt.

Auch ich
bin ganz persönlich verantwortlich,
damit sich die Wahrheit von der Liebe
offenbart.

Die äußere Gestalt deiner Kirche
ist oft sehr schadhaft;
sie ist unvollkommen
durch die Unvollkommenheit der Menschen.

Nur durch den Glauben
und mit Hilfe des Gewissens
kann ich durch die Gestalt hindurch
deine absolute Liebe finden,
um sie eigenverantwortlich
zur Erbauung aller
zu verwirklichen.

Du bist der Eckstein,
das Maß aller Ausmaße
und Abmessungen.
In dir sind alle Dimensionen
in einem Punkt vereinigt.

An dir,
an deiner grenzenlosen Liebe,
muss sich alles messen lassen.

Da gibt es viele Menschen,
die unsichtbar zu deinem Bau gehören,
weil sie von der Institution
noch nicht oder nicht mehr erfasst sind.

Du wirst zum Stolperstein für alle,
die von deiner Liebe noch nicht ergriffen sind:
Der Unbarmherzige
stolpert über deine Allbarmherzigkeit.
Doch irgendwann wird er sie suchen,
um der Selbstzerstörung zu entgehen.

*

HERR, *bau mich auf*
und lass mich erbaulich wirken
in der Welt
und in deiner Kirche.

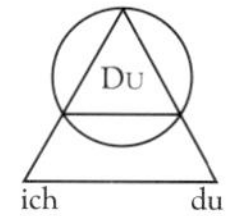

Du bist Hand.

»In deiner Hand
liegt mein Geschick.«

(Psalm 31,16)

Du bist Mensch geworden;
deine Liebe
hat Hand und Fuß bekommen.

Deine Hände
sind in deiner Handschrift deutlich.
Deine Hand kann ich erkennen
in der ganzen Schöpfung
und in ihrer Geschichte.

Du greifst nie ein,
so wie wir es tun,
und wie wir es oft
von dir uns wünschen.
Du hältst nur alles in der Hand,
aus der nichts herausfällt.
Uns fällt kein Haar vom Haupt
ohne deinen Willen.

Du hast alles in der Hand
und bist in allem mächtig;
du bist »all-mächtig«.

Du wirkst im Guten wie im Bösen;
darum haben wir die sichere Hoffnung,
dass am Ende alles gut wird –
trotz der Macht des Bösen,
die wir so schrecklich erleben.

Du hast keine anderen Hände
als die meinen.
Wenn ich aus Liebe denke und handle,
werden meine Hände deine Hände
und meine Handlungen deine Handlungen.

Ich erspüre dich
in jeder liebenden Berührung.
Berührt von dir –
weichen Gewalt, Gier und Habsucht
aus meinen Händen.

Du legst deine Hand auf mich
und gibst mir deinen Geist,
die Kraft deiner Liebe.
Ich gehöre dir.
Als dein Angehöriger
werde ich zum Zeugen,
zur Zeugin deiner Liebe.

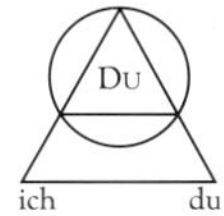

Ich spüre deine heilenden Hände
in allen Heilungen.
Ich spüre deine segnenden Hände,
die mich selbst zum Segen,
zum Zeichen deiner Liebe machen.
Ich spüre deine belebenden Hände
in der Berührung der Toten.

Heilende Handlungen
werden heilige Handlungen;
heilige Handlungen
werden heilende Handlungen.

Ich spüre dich in jedem Händedruck;
denn du »behandelst« mich
in aller Herzlichkeit und Liebe.
Deine Behandlungen sind frei
von Ausbeutung und »Manipulation«.

*

HERR, *lass mich in allen Berührungen*
und Behandlungen
deine Hand erfahren.

Du bist Wort.

»Das Wort war Gott.«

(Johannes 1,1)

Du
bist das ewige Wort,
das lebendige Wort.
Du bist in jedem Anfang;
du bist der Anfang von allem,
was war, was ist und was sein wird.

Du bist da als Wort:
du öffnest dich
und sprichst dich selber aus.
Du sprichst alle und alles an.
Du gehst aus dir heraus
und gehst alle an.

Du
kommst zu Wort
und wirst Fleisch,
wenn Menschen
gläubig von dir sprechen.

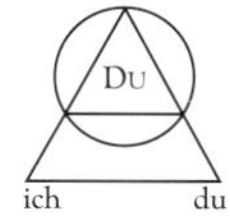

Du sprichst mich an;
auf dich spreche ich an.
Du rufst mich an;
ich bin von dir beim Namen gerufen;
ich bin von dir be-rufen.
Du bist meine Be-rufung,
mein »Beruf«.

Durch dich
komme ich zu Wort
und kann mich zur Sprache bringen.
Du bist mein Wort,
wenn ich keine Worte mehr finde
und sprachlos bin.

Du sprichst mich los,
wenn ich mich
nicht mehr lossprechen kann.

Du versprichst dich nie.
Auf dein Versprechen
kann ich mich immer verlassen.

*

HERR, *ich nehme dich beim Wort.*
Ich vertraue auf dich, dass du mich herausrufst
aus meiner Vergänglichkeit
in meiner letzten Stunde.

Du bist der Herr (Retter).

»Von seiner Herrlichkeit
ist die ganze Erde erfüllt.«

(Jesaja 6,3)

Deine »Herr-lichkeit«
ist die Strahlkraft deines Herr-Seins.
Du brauchst gar nichts zu machen,
so wie wir vieles machen müssen.
Dein Dasein genügt;
die Ausstrahlung, die Strahlkraft deiner Liebe
»bewirkt« alles.

Du bist unser Retter.
Dein Dasein ist unsere Rettung.
Wenn deine Herrlichkeit in Erscheinung tritt,
ist sozusagen kampflos
die Macht des Bösen gelähmt,
und wir sind frei;

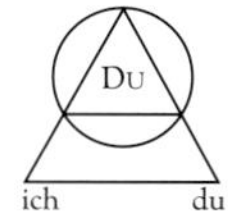

wir sind »deine Beute,
die du heimführst«.

Deine Strahlkraft wirkt sich aus;
sie wirkt in uns ein, ohne Zwang,
so dass wir selbst
in unserer Freiheit angesprochen
und herausgefordert sind.
Wir können freiwillig und gerne
dem Anruf deiner Liebe folgen.

Deine »Herr-schaft«
beruht nicht auf der Übermacht der Gewalt,
sondern auf der Durchsetzungskraft
deiner Liebe, in der »alle Macht«
enthalten ist:
Durch Faszination und Begeisterung
überwindet die Macht der Liebe
letztlich alle Macht der Gewalt.

Der Einfluss deiner Liebe
bringt in uns einen Prozess in Gang:
das Barmherzig-Werden,
das Sich-nicht-mehr-ärgern-Müssen.
Dieser Prozess ist freilich
noch kaum sichtbar,
aber aus den Ansätzen
entsteht die Hoffnung auf Vollendung, –
dass wir einmal alle

durchdrungen sind
von deiner Herrlichkeit.

Auch wenn die Macht des Bösen
zu regieren scheint,
so ist sie doch schon »infiziert«
von deiner Herrlichkeit,
die sie am Ende
verwandelnd überwindet.

Du bist der Allherrscher,
dem alles dienen »muss«.
Wenn die Liebe herrscht
und alle der Liebe dienen,
ist dein Reich vollendet.

In deinem Tod am Kreuz
ist die Herrschaft deiner Liebe,
die stärker ist als aller Hass,
ein für allemal in Erscheinung getreten.
Der Hass der Menschen
hat dein Herz geöffnet
und deine Liebe offenbar gemacht.

Du verherrlichst uns,
indem die Herrlichkeit und Herrschaft
deiner Liebe
in uns und durch uns
zur Auswirkung kommen.

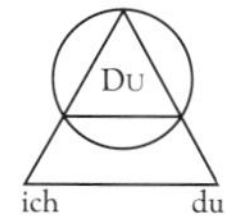

Dies ist die
»Herrlichkeit der Kinder Gottes«,
zu der wir berufen sind.

Solange du da bist,
ist alles gut.
Du bist immer da,
auch wenn ich nicht da bin.

*

HERR, *verherrliche mich.*
Lass mich durch den Dienst der Liebe
Anteil haben
an deiner Herrlichkeit
und Herrschaft.

Du bist der Richter.

»Richtet nicht,
dann werdet auch ihr nicht
gerichtet werden.
Verurteilt nicht,
dann werdet auch ihr nicht
verurteilt werden.
Erlasst einander die Schuld,
dann wird auch euch die Schuld
erlassen werden.«

(Lukas 6,37)

Du bist der Richter,
dessen einziges Verlangen
Gnade und Vergebung ist.
Du richtest »her«, nicht »hin«;
du richtest »von Grund auf«
und nicht »zugrunde«.
Du richtest,

indem du alles reparierst,
alles ganz, heil und richtig machst.
Du hast alles recht gemacht.

Das große Hindernis
für das Gericht der Gnade
ist unsere Vergeltungsgerechtigkeit.
Diese Gerechtigkeit haben wir selbst
in unserer Gnadenlosigkeit entwickelt.
Diese »Selbst-Gerechtigkeit« brauchen wir,
um irdisch zu überleben.
Aber diese »Selbst-Recht-Fertigung«
ist nicht die Rechtfertigung,
– d.h. die Vollendung, das Glück,
wonach wir uns sehnen.

Du vergibst alles allen immer.
Aber deine Allbarmherzigkeit
kann uns nur erreichen und erfüllen,
wenn auch wir gnädig und barmherzig werden
und bereit sind,
auf alle Vergeltung zu verzichten.

Durch die Offenbarung deiner Liebe
haben wir eine Ahnung
von deinem Gericht.

Es wird schrecklich sein,
wenn jeder sich selbst begegnet

so, wie er ist vor dir,
– ungeschminkt, ohne »Narkose«, –
wenn der Selbstbetrug der Selbstgerechtigkeit
schonungslos entlarvt wird.

Es wird herrlich sein,
wenn deine allbarmherzige Herrlichkeit
voll und direkt in Erscheinung tritt,
»von Angesicht zu Angesicht«.

Schon im jetzigen Leben
erfahren wir am Beispiel vieler Heiliger
die verwandelnde Strahlkraft
deiner allbarmherzigen Liebe
und ihre Unwiderstehlichkeit,
die unsere Freiheit nicht aufhebt,
sondern durch die Macht der Begeisterung
voll zur Entfaltung bringt.

Das gibt uns die sichere Hoffnung,.
dass sich jeder irgendwann bekehrt
und barmherzig wird,
wenn er von deiner Barmherzigkeit
betroffen wird, –
ganz gewiss im Tod, im »Jüngsten Gericht«.

Bliebe dann noch einer
verstockt und unbarmherzig,
müsste er sich ewig

»zu Tode ärgern«.
Das wäre die Hölle.

Der Barmherzige
kann sich und alle annehmen
als Geschenk deiner ewigen Liebe;
das ist der Himmel,
der für den Barmherzigen
schon jetzt beginnt.

*

HERR, *erbarme dich.*
Befreie mich von der Verblendung
meiner Selbstgerechtigkeit.

Du bist der Sohn Gottes.

»Für wen halten die Menschen
den Menschensohn? ...
Ihr aber, für wen haltet
ihr mich? ...
Du bist der Messias, der Sohn
des lebendigen Gottes!«

(Matthäus 16,13.15f)

Du drängst uns dein Sohn-Gottes-Sein
nicht auf;
du lässt es uns selbst entdecken.
Dir ist wichtig zu wissen,
was du für uns bist.

Der »fundamentale Glaube« ist »autogen«;
er glaubt aus eigener Erfahrung.
Der »fundamentalistische« Glaube
ist »heterogen«,

d.h. er sucht seine Gewissheit
außerhalb seiner selbst,
bei einem Guru oder in Doktrinen …

Wer durch die gläubige Deutung
seiner Sehnsucht
und seiner Glückserfahrung
in den Sternstunden seines Lebens
den Glauben an die absolute Liebe
gefunden hat,
der kann in der Jesusgestalt
die Verkörperung dieser Liebe
entdecken.

Wer glaubt, dass diese Liebe Gott ist,
der kann in Jesus
den Sohn Gottes erkennen,
das große, ewige Du,
das mich anspricht,
und zu dem ich »du« sagen kann.

Du bist der Sohn Gottes.
Die Liebe, das Wirkprinzip Gottes,
ist auch das Wirkprinzip deines Wesens,
deiner »göttlichen Person«.
Wer dich sieht,
sieht den Vater, den Ursprung.
Du bist die zweite Ausfaltung
des dreifaltigen Gottes.

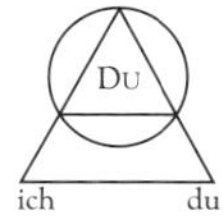

Du behältst dein Sohn-Gottes-Sein
nicht »wie einen Raub« für dich *(vgl. Philipper 2,6)*;
du teilst es mit durch deine Liebe,
so dass auch wir die »Macht«,
die Möglichkeit haben,
»Kinder Gottes«,
Töchter und Söhne Gottes, zu werden,
wenn wir dein Wirkprinzip
annehmen und uns zu eigen machen.

Du bist unser Menschenbruder.
Wer dich als den ganzen,
als Bruder annimmt,
der gewinnt deinen barmherzigen Vater
als seinen Vater, der immer bei ihm ist.
Durch dich erfahre ich,
dass Gott mich immer will,
dass er mich so gewollt hat, wie ich bin,
und dass es immer gut ist, dass es mich gibt.

*

HERR, *lass mich erkennen, was ich bin.*
Stärke mein Bewusstsein,
dass ich Kind Gottes bin, –
dass ich dir gehöre
und immer gehören werde.

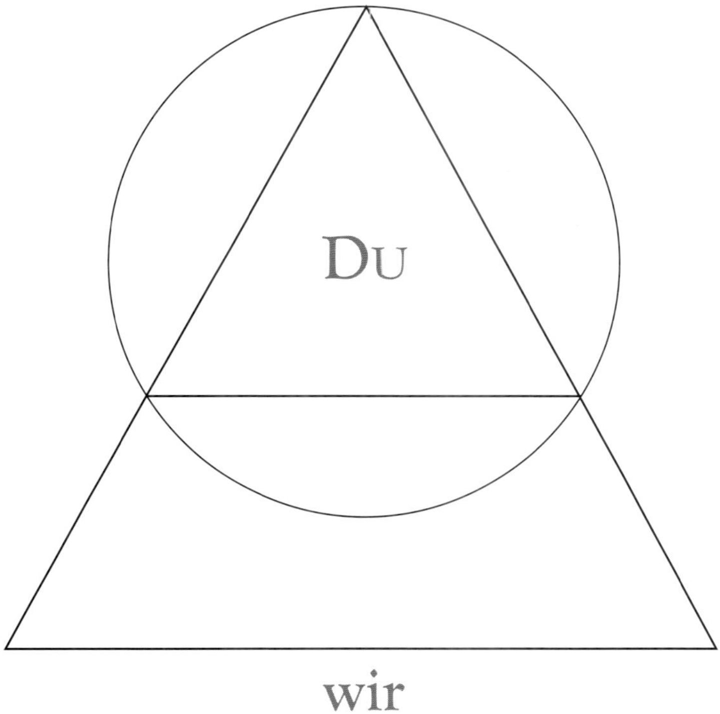

Wir sind

Wir sind deine Geschöpfe.

»Gott sah alles an,
was er gemacht hatte:
Es war sehr gut.«

(Genesis 1,31)

Du
hast alles erschaffen:
die Welt, die Menschen und mich.
Auch wenn die Menschen meinen,
sie machen alles,
machen sie alles nur mit deiner Hilfe,
wenn auch oft gegen deinen Willen.

Manche glauben, alles was ist,
ist ein Zufall von Zufällen.
Die Welterklärung übersteigt meinen Verstand;
ich muss etwas glauben,
wenn ich mehr wissen will.
Wenn ich an dich,

den Schöpfer und Erhalter, glaube,
kann ich dich in der ganzen Schöpfung
und in mir selbst spüren.
Wenn ich an einen Zufall glaube,
spüre ich letztlich – nichts.

Verzeih mir, wenn mir Zweifel kommen,
ob wirklich alles »gut« war,
was du gemacht hast:
Die Welt mit den furchtbaren Naturkatastrophen –
die Grausamkeit bei den Tieren,
die fressen und gefressen werden –
und uns Menschen
am Ende der bisherigen Evolution.

Du hast uns mit Vernunft,
Freiheit und Willen begabt.
Und unsere erste freiheitliche Tat ist die Sünde,
die Störung und Zerstörung deiner Schöpfung.
Du wolltest gewiss nicht, dass wir sündigen,
aber du hast uns so gewollt,
dass wir sündigen können.

Lieber Gott,
entweder bist du nicht gut,
oder ich liege falsch mit meinen Vorstellungen
von Gut und Böse.
Ich will glauben,
dass du alles recht gemacht hast

und recht machst,
auch wenn ich vieles
noch nicht begreifen kann.
»Wir sind der Ton,
und du bist unser Töpfer« *(Jesaja 64,7)*.

Doch dies weiß ich,
wenn ich an dich als unseren Schöpfer glaube,
dass du mich und alle Geschöpfe willst;
dass du mich so willst, wie ich bin,
auch als Sünder.
Du lässt mich nie fallen.

Auch wenn mich niemand haben wollte
oder haben will,
wenn ich unerwünscht bin,
weil ich so bin, wie ich bin, –
du willst mich immer.

Und wenn mich die Menschen »gemacht« hätten
mit künstlicher Befruchtung,
Gentechnik und Klonen, –
du bliebest immer noch
mein Schöpfer.

Ich brauche nicht zu beten wie der Pharisäer:
»Ich danke dir, dass ich *nicht* so bin
wie die Sünder …«
Ich kann beten:

*

HERR, *ich danke dir,*
dass ich so bin, wie ich bin,
dass ich und wir alle bei dir
auch als Sünder sein dürfen,
weil du uns immer willst
und nie fallen lässt.

Wir sind dein Ebenbild.

»Gott schuf den Menschen
als sein Abbild;
als Abbild Gottes schuf er ihn.
Als Mann und Frau
schuf er sie.«

(Genesis 1,27)

Wir sollen uns kein Bild machen von dir;
du selbst hast uns ein Bild von dir gegeben,
und das sind wir selbst.
Und noch ein Bild haben wir von dir:
Jesus, den allbarmherzigen Menschen.

Du hast die Spannung von Mann und Frau,
von Männlich und Weiblich,
als eine Urtriebkraft des Lebens
in die ganze Schöpfung hineingelegt.
In dir hat die Triebkraft ihren Ursprung.

Du bist männlich und weiblich zugleich.
Im rechten Verhältnis – richtig »gepolt« –
wird diese Spannung auch bei uns Menschen
zur Quelle der Lebensenergie.
Diese Energie macht uns zusammen
mit unserer Freiheit zu deinem »Abbild«
oder »Ebenbild«.
Du
spiegelst dich in unserem Menschsein
als Mann und Frau,
so dass wir dich erkennen,
wenn wir uns erkennen,
wenn wir uns lieben.

(Die Bibel gebraucht für »liebende Vereinigung«
und »erkennen« dasselbe Wort!)

Du hast aber das Männliche
nicht nur in die Männer
und das Weibliche
nicht nur in die Frauen gelegt.
Jeder Mensch ist in seinem inneren Wesen
männlich und weiblich zugleich – wie du.
Unsere Würde und menschliche Reife
hängt von der Harmonie
der beiden Prinzipien ab.

Ein ähnliches Spannungsfeld
hast du in uns hineingelegt:
die Spannung von Gut und Böse.

Auch diese Spannung
hat in dir ihren Ursprung:
Du bist gut und böse zugleich.
Bei dir stehen Gut und Böse
im rechten Verhältnis.
Unsere Sünde hat dieses »gute« Verhältnis zerstört:
Wir haben aus dem Sowohl-als-Auch
das Entweder-Oder gemacht.

Durch diese Trennung
haben wir das Böse erst böse gemacht;
dabei sind wir selber »böse« geworden.
In dir sind alle Gegensätze eins:
Freude und Leid –
Lust und Schmerz –
Leben und Tod.
Wir beurteilen alles als gut oder böse,
je nachdem wir etwas gut oder böse finden.
Dann versuchen wir,
»unser« Böses zu vernichten oder zu ignorieren,
anstatt es mit »unserem« Guten zu verbinden.
Das ist unsere Sünde.
Erst wenn wir erkennen,
dass »unser Böses«
in dir »gut aufgehoben« ist,
finden wir den Mut,
auch in uns die Einheit der Gegensätze
zu akzeptieren
und als Energiequelle zum Leben zu gewinnen.

Durch die Begabung mit der Freiheit
und durch die damit verbundene
Fähigkeit zur Liebe
hast du uns in besonderer Weise
zu deinem Abbild gemacht.
Wir sind ein echtes Gegenüber,
ein echtes »Dir – Gegenüber«.
Ohne dich können wir nichts tun.
Aber in vielen Bereichen der Entscheidung
kannst du ohne uns auch nichts tun.
Du kannst uns aber immer lieben.

Du nimmst es in Kauf,
dass wir uns immer wieder
gegen dich entscheiden,
weil du uns für die Liebe geschaffen hast,
so dass sich irgendwann jeder Mensch
in voller und unangetasteter Freiheit
der Liebe öffnen wird.

*

HERR, *heile die Risse,*
in unserer Ebenbildlichkeit.
durch unseren Glauben an dich
und deine Liebe.

Wir sind deine Kinder.

»Allen aber, die ihn aufnahmen, gab er Macht, Kinder Gottes zu werden«

(Johannes 1,12)

»Und doch bist du, Herr, unser Vater«

(Jesaja 64,7)

»Kann denn eine Frau ihr Kindlein vergessen, eine Mutter ihren leiblichen Sohn? Und selbst wenn sie ihn vergessen würde: ich vergesse dich nicht.«

(Jesaja 49,15)

»O selig, o selig, ein Kind noch zu sein«.

(Aus der Oper »Zar und Zimmermann« von Albert Lortzing)

Kind sein dürfen:
keine Sorgen, keine Verantwortung,
keine Verpflichtungen ... –
ganz vertrauen dürfen,
einfach sein dürfen –
geborgen in Liebe.
Bei dir darf ich Kind sein.
Trotz aller irdischen Enttäuschungen
mit dem »Vater«
bleibt die Sehnsucht
nach dem ewigen guten Vater.

Du
bist mein Vater, Ursprung meiner Existenz.
Du gibst mir Sicherheit und Zukunft;
auf dich kann ich mich ganz verlassen.

Du bist mein »Abba«, mein »lieber Vater«,
mein allbarmherziger Vater;
du bist Vater und Mutter zugleich,
das Vorbild für alle »Alleinerziehenden«.
Du hast uns in Maria
das Symbol deiner Fraulichkeit
und Mütterlichkeit geschenkt.
Wir meinen dich,
wenn wir Maria verehren.

Du bist *unser* mütterlicher Vater
und machst uns Menschen miteinander
und mit allen Geschöpfen zu Geschwistern.

Du bist selbst in Jesus
unser Bruder geworden,
und so bist du als sein Vater
auch unser Vater geworden.

Du hast uns die »Macht« gegeben,
deine Kinder zu werden,
wenn wir dich »aufnehmen«.
Wenn wir dich »empfangen«,
empfängst du uns,
und wir werden aus dir neu geboren.

Dies ist eine Doppelgeburt:
Wenn du in uns geboren wirst,
werden wir aus dir geboren.
Wir werden »neue Menschen«,
»neue Kreaturen«.
Unsere »Geburt aus dem Fleische«
und aus dem »Wollen des Mannes«
ist nicht mehr entscheidend,
wenn wir aus dir geboren sind:
Wir hören auf, Egoisten
und Raubtiere zu sein,
weil wir uns bemühen,
aus dir, aus dem Prinzip Liebe, zu leben.

»Du hast uns in Liebe im voraus dazu bestimmt,
deine Söhne und Töchter zu werden …« *(vgl. Epheser 1,5)*.
»Wir sind nicht mehr Sklaven,
sondern Erben durch Gott« *(vgl. Galater 4,7)*.

Kind sein heißt »artig« sein.
Jedes Kind ist »von der Art« seiner Eltern;
durch dich, unseren Vater,
sind wir »gottartig« geworden.
Wenn die Gottartigkeit
unsere irdische Vaterschaft und Mutterschaft
prägt und bestimmt,
sind unsere Familien
ein Stück Himmel auf Erden.

*

HERR, *Vater unser im Himmel,*
Vater von Ewigkeit,
lass uns immer mehr
deine Kinder werden.

Wir sind dein Eigentum.

»Jetzt aber –
so spricht der Herr,
der dich geschaffen hat ...:
Fürchte dich nicht,
denn ich habe dich ausgelöst,
ich habe dich beim
Namen gerufen;
du gehörst mir.«

(Jesaja 43,1)

»Ich habe dich eingezeichnet
in meine Hände.«

(Jesaja 49,16)

Wer bin ich,
wer sind wir eigentlich?
Wir Menschen sind in unserem Verhältnis

zu uns selbst
abhängig von anderen.
Jeder spürt: Ich muss selber
und aus mir selber leben;
ich muss selb-ständig werden.
Ich spüre aber auch:
Ich kann nicht selber selbständig werden;
ich muss mich woanders anlehnen können;
ich muss wohin gehören,
ich muss jemandem gehören;
den »self-made-man«
mag es in der Wirtschaft geben,
aber nicht im Bereich meiner inneren Existenz.

»Sage mir, mit wem du umgehst,
(= sage mir, wem, wohin du gehörst)
und ich sage dir, wer du bist!«
Wir versuchen es oft mit Menschen und meinen:
Wenn sich zwei Menschen ganz gehören,
sind sie ganz glücklich.
Oft kommt dann die Enttäuschung:
Der Mensch, dem ich mich anvertraut habe,
hat mich verlassen;
er war mit mir und ich mit ihm überfordert;
wir haben uns gegenseitig eingesperrt.

Lieber Gott, warum gibst du mir liebe Menschen,
wenn du sie mir dann wieder nimmst,
wenn ich an ihnen hänge?

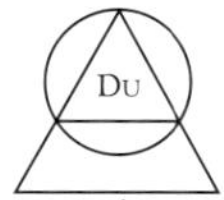

Warum ist Liebe so qualvoll?
Willst du mich mit deiner Liebe vernichten?
Wie soll ich etwas besitzen,
ohne besessen zu sein;
wie soll ich jemandem gehören,
ohne dass er auch mir gehört;
wie soll jemand »alles« für mich sein,
ohne dass auch ich »alles« für ihn bin?
Ich kann nur glücklich sein,
wenn ich dieses »Alles« habe
und dieses »Alles« bin.

Dieses »Alles« bist du.
Wenn ich dich habe,
wenn ich dein Eigentum bin,
habe ich dies alles
in befreiter und befreiender Weise.
Du sperrst nicht ein, sondern auf.
Du willst unser »Besitzer« sein,
damit wir uns gegenseitig
nicht mehr besitzen
und besitzen lassen müssen.
Wenn wir dir gehören,
können wir in innerer Unabhängigkeit
und Unverletzlichkeit einander lieben.

»Du kamst in dein Eigentum,
aber die Deinen nahmen dich
nicht auf« *(vgl. Johannes 1,11)*.

Es ist unsere Tragik,
dass wir immer noch und immer wieder
die Gefangenschaft des irdischen Besitzens
mehr lieben als die Freiheit,
die du uns bringst.

*

HERR, *befreie mich*
und lass mich ganz
dein eigen sein.

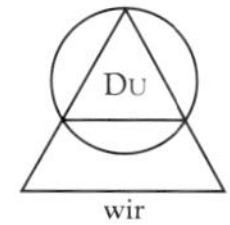

Wir sind deine Geliebten.

»Mit ewiger Liebe
habe ich dich geliebt …«

(Jeremia 31,3)

Immer wieder frage ich:
Warum und wozu hast du uns geschaffen;
warum gabst du uns den Funken Freiheit,
der unsere Sünde ermöglicht?
Warum hast du bei uns
die Triebhemmung aufgehoben,
so dass wir rücksichtslos, süchtig
und grausam geworden sind?
Die Grausamkeiten in der Natur
halten sich in Grenzen,
die der Menschen sind vernichtend
und grenzenlos.

Trotz aller Fragen, die keine Antwort erhalten,
und ungeachtet aller meiner Zweifel

spüre ich etwas,
das mit der Erfahrung der Freiheit
untrennbar verbunden zu sein scheint:
eine tiefe Sehnsucht nach Liebe,
nach Geliebtsein und nach Lieben.
In den Augenblicken des Glücks
ist mir die Erfüllung dieser Sehnsucht geschenkt,
wenn auch nur »momentan«.

Die Liebe macht die Freiheit erst frei,
und die Freiheit macht die Liebe erst möglich:
Ohne Freiheit keine Liebe,
ohne Liebe keine Freiheit.

Die Liebe, die ich brauche,
kann ich mir nicht selber geben;
ich kann sie auch nicht machen.
Wenn ich dennoch immer wieder
diese Liebe spüren darf,
oft nur als unerfüllte
und menschlich unerfüllbare Sehnsucht,
so führt mich diese Liebe zu ihrem Ursprung:
zu dir.

Du, der Schöpfer,
hast alles, auch die Liebe
und das Lieben geschaffen.
Doch die Liebe kann man nicht »erschaffen«,
– auch du nicht!

Du hast nur unsere Liebesfähigkeit erschaffen,
aber nicht die Liebe selbst,
weil du selbst die Liebe bist, –
die ewige, schöpferische Ja-Kraft,
die Energie in allen Energien.

Die Liebe ist aus sich selbst;
ungemacht bewirkt sie alles.
Du hast alles aus Liebe
und zum Lieben erschaffen.
Du gabst uns den sinnenhaften Körper,
damit wir die ewige Liebe
mit allen Sinnen erfahren und erkennen.

Du liebst uns mit ewiger Liebe.
Immer wieder verwechseln wir
die Geschenke der Liebe
mit der Liebe selbst.
Wir verwechseln »die Geschöpfe
mit dem Schöpfer«.
Durch die Vergötzung der Geschöpfe
müssen wir immer wieder in der Liebe scheitern.
Wenn ich mich ewig geliebt weiß,
werde ich nie mehr scheitern.

Wir alle
sind deine Geliebten;
du liebst alle, auch die Bösen,
auch meine Feinde.

Der Glaube an deine grenzenlose Liebe
ist der Ursprung des Friedens
im Kleinen wie im Großen.
Wenn du uns alle liebst,
»müssen« auch wir uns alle lieben.

*

HERR, *lass mich durch den Glauben*
an deine grenzenlose Liebe
die Grenzen meiner Liebe erkennen
und gib mir die Kraft,
damit zu leben.

Wir sind deine Heiligen.

»Ihr seid von Gott geliebt, seid seine auserwählten Heiligen«.

(Kolosser 3,12)

Die Sünde und das Unheil,
das daraus entspringt,
bestehen in der Spaltung;
dass ich etwas auseinander reiße,
was zusammengehört,
oder dass ich etwas, das das Meinige ist,
nicht anerkenne und annehme.
Die Heilung besteht im Ganz-Werden,
wenn das, was »ganz auseinander« ist,
wieder »gut beisammen« ist.

Der Geheilte ist immer auch der »Heil-ige«,
d.h. ein Mensch, von dem die heilende, einende

und ganzmachende Kraft ausströmt.
»Heilig sein« heißt heilend wirken.

»Du allein bist der Heilige.«
»Du bist der Ursprung aller Heiligkeit.«
Alle heilenden Kräfte
und die Kraft, die alles und alle heilt,
entspringen in dir.

Du heilst mich.
Du versöhnst mich mit mir,
mit meinem Schicksal,
mit meinem Leben,
mit meiner Sünde.

Du heilst mich von meinen Suchten,
von der Vergötzung des Irdischen.
Du heilst mich von der hörigen Abhängigkeit
von Menschen und anderen Geschöpfen.
Du heilst mich von allen Ängsten und Zwängen;
du stillst meine Sehnsucht nach Liebe.

Du versöhnst mich mit dir;
du gibst mich mir,
so dass ich mich selbst
als Geschenk erleben kann;
du schenkst mir alles,
so dass ich in allem
deine Liebe spüren kann.

Du heilst und heiligst mich:
Ich darf erleben, wie deine heilende Kraft
durch mich auch andere heilt.

Du gehst immer mit mir;
mit dir geht alles immer weiter.
Du heilst mich von aller Depression
und Verzweiflung.
Du heilst meine Unbarmherzigkeit
und machst mich barmherzig.

Du heilst und heiligst uns
und alle unsere Beziehungen;
du machst aus dem Ich und Du
das Wir.
Du heilst uns von Hass, Rache und Vergeltung.
Du bist die Liebe in unserer Liebe;
du bist der immer neue Anfang,
wenn wir am Ende sind.

Du heilst alle gebrochenen Herzen.
Die irdischen Enttäuschungen
und die tragischen Schicksale
in unseren Beziehungen
geben den Weg frei
zum Vertrauen auf dich, die ewige Liebe,
die nie enttäuscht,
auch wenn wir vieles
noch nicht begreifen können.

Du heilst alle Krankheiten, alle »Un-Gesundheiten«.
Du heilst uns von, mit und in Krankheiten.
Auch wer nicht mehr gesund wird,
findet durch dich die Heilung,
wenn er durch dich das Unabänderliche
als das Seine annehmen kann.

Du heilst uns vom Tod,
weil wir durch dich im Tod
den Bruder, den Engel, erkennen können,
der uns ins ewige Leben führt
und uns von allem Vergänglichen befreit.
In deiner »heiligen Liebe«
ist alle Lebensangst und Todesangst überwunden.

Du führst uns zur Gemeinschaft der Heiligen.
Du befreist uns von der Gebundenheit
unserer irdisch-körperlichen Anwesenheit
und führst uns durch die Grenze des Todes
hindurch zur unverlierbaren Gemeinschaft
in dir.

*

HERR, *heiliger Gott,*
mach uns heil und heilig;
lass uns heilend
auf einander wirken.

Wir sind deine Erlösten.

»Durch ihn haben wir
die Erlösung,
die Vergebung der Sünden.«

(Kolosser 1,14)

»Ohne es verdient zu haben,
werden sie gerecht,
dank seiner Gnade, durch die
Erlösung in Christus Jesus«.

(Römer 3,24)

Wir wollen und können es immer nicht glauben,
dass du allbarmherzig bist,
dass du die Guten und die Bösen liebst,
– bedingungslos, immer –
dass du »gütig bist gegen die Undankbaren
und Bösen« *(Lukas 6,35)*.
Du handelst an uns nicht nach unseren Sünden
und vergiltst uns nicht
nach unserer Schuld *(Psalm 103,10)*.

– »Herr, wer könnte bestehen?« *(Psalm 130,3)*

Weil wir nicht auf Strafe, Vergeltung und Sühne
verzichten können, trauen wir dir nicht zu,
dass du auf all das verzichtest.
So haben wir den Tod Jesu
zum stellvertretenden Sühnetod gemacht.
So entstand das schreckliche Gottesbild
vom beleidigten Gott,
der als Sühne für unsere Sünden
die grausame Kreuzigung seines Sohnes verlangt.

Wenn man allerdings den Tod Jesu so versteht,
dass du die Sühne, die du verlangst,
selber leistest,
dann bedeutet das praktisch deinen Verzicht
auf Sühne, Strafe und Vergeltung.

Der Glaube an deine Allbarmherzigkeit
fällt uns deshalb so schwer, –
obwohl wir uns danach sehnen, –
weil dieser Glaube nur möglich ist,
wenn wir selbst barmherzig werden.
Wenn du alle, auch die Bösen
und unsere Feinde liebst,
können wir die Bösen und unsere Feinde
nicht mehr »mit Recht« verurteilen,
hassen und vernichten.
Und gerade das wolltest du und willst du.

Jesus ist das Opfer des Hasses
und der liebenden Hingabe
an uns Menschen geworden.
Er hat die »Sünde der Welt«, –
das ist unser egoistisches, materialistisches,
nur weltorientiertes und gottloses Leben
in Liebe auf sich genommen
und bis zum Letzten durchgetragen.

Durch seinen Tod am Kreuz,
den er freiwillig auf sich nahm
in der Kraft der wehrlosen Liebe
hat Jesus gezeigt und bezeugt,
dass es die Liebe gibt,
die nicht nur stärker ist als der Tod,
sondern auch stärker als aller Hass und alle Bosheit.
Jesus hat durch sein Leben und Sterben gezeigt,
dass du, unser Gott, diese Liebe bist.

Jesus ist »für uns« gestorben,
damit wir ergriffen und »begeistert« werden
von deiner Barmherzigkeit,
damit wir von allen Ängsten befreit
zurückkehren ins Urvertrauen
und selbst barmherzig werden –
gegen uns selbst,
gegen einander,
gegen die ganze Schöpfung
und auch – gegen dich.

Dennoch hat Jesus sein Leben
hingegeben als »Lösegeld«.
Jesus hat uns befreit, ausgelöst und »erbeutet«
aus der Gefangenschaft.
Aber nicht du hältst uns gefangen, sondern
dein Gegner: Satan, Baal, der Fürst dieser Welt.
Deine Liebe befreit uns
aus der Sklaverei der Triebe, Triebzwänge
und Triebängste;
sie befreit uns
aus der »Gefangenschaft des Gesetzes«,
d.h. der legalistischen Vergötzung des Gesetzes.

Deine Liebe erlöst uns schließlich von uns selbst:
Wir müssen uns nicht mehr ärgern,
selbst bestrafen und selber quälen,
weil du uns mit der ewigen Liebe liebst,
die du im Tod Jesu geoffenbart hast.
Die »Erlösungstat Jesu«
besteht in der Offenbarung dieser deiner Liebe.
Im Glauben an diese Liebe
finden wir die Lösungen all unserer Probleme
und damit die Er-lösung schon hier und jetzt.

*

HERR, *erlöse mich,*
damit ich mich und die anderen Schuldigen
nicht mehr verurteilen muss.

Wir sind deine Auserwählten.

»Die Vielen sind gerufen
(berufen),
aber nur wenige auserwählt.«

(Matthäus 22,14)

»Nicht ihr habt mich
erwählt, sondern ich habe
euch erwählt ...«

(Johannes 15,16)

»Weil ich euch aus der Welt
erwählt habe, darum hasst
euch die Welt.«

(Johannes 15,19)

Du hast alle Menschen so erschaffen,
dass jeder einmalig ist.
Auch ich bin einmalig und
habe mein eigenes Ich.
Doch möchte ich das auch erleben,
damit ich es als festes Bewusstsein gewinne.

Die meisten Menschen suchen sich
einen Partner oder eine Partnerin,
um durch das gegenseitige Erwähltsein
die eigene Einmaligkeit zu erfahren.
Aber sobald »andere Erwählte« auftreten,
beginnt die Konkurrenz, die Eifersucht,
die Angst, nicht mehr einmalig zu sein.
Dies kann zu Mord und Selbstmord führen.
Diesen Menschen ist noch nicht aufgegangen,
dass eigentlich nicht *sie* es sind, die »erwählen«,
sondern du:
»Es gibt Freundschaften, die im Himmel
beschlossen sind,
und auf Erden vollzogen werden«.

Manche wollen ihre Erwählung bei dir
und von dir selbst erwirken;
sie suchen sich die »obersten Plätze« aus
an deinem Tisch in deinem Reich.
Sie leben von dem Bewusstsein,
dass sie deine besonderen Lieblinge sind,
weil sie »viel besser sind«

und viel mehr geleistet haben als
»die vielen« anderen.
Für sie ist der Gedanke unerträglich,
dass andere, die viel schlechter sind,
auch in den Himmel kommen können,
vielleicht genau so »hoch« wie ich oder gar noch höher.

Bei dir ist jedoch kein Ding unmöglich:
Du rufst und berufst alle.
Wer von dir auserwählt ist, erlebt,
dass er für dich ganz einzig und einmalig ist.
Er kann es dann aber auch begreifen
als *dein* wirklich Auserwählter,
wenn am Ende alle von dir Gerufenen
auch deine Auserwählten sind.

Dein Wort von den vielen Gerufenen
und wenigen Auserwählten
hat wohl zunächst eine äußere Bedeutung:
Die Vielen sind berufen als dein Volk,
aber nur einige wenige sind erwählt
für bestimmte Ämter und Rollen in deinem Volk

Das Jesuswort:
»Wer bei euch groß sein will,
der soll euer Diener sein« *(Markus 10,43)*
verhindert, wenn auch oft nur theoretisch,
die Überheblichkeit und Einbildung
machthungriger Amtsinhaber.

Du berufst alle.
Wie der Sämann im Evangelium
säst du die Saat der Berufung aus auf jeden »Boden«.
Aber nur auf dem guten Boden geht die Saat auf
und wird fruchtbar.
Du fängst immer »ganz klein« an.
Doch deine kleinen Anfänge
sind bereits die Verheißung
der Vollendung durch dich.

Wer von dir auserwählt ist, spürt,
dass das nicht sein Werk ist.
Der Prophet »muss« Prophet sein,
auch wenn er das selbst (noch) gar nicht will.
Er fühlt sich von dir als Werkzeug gebraucht,
manchmal sogar »missbraucht«.

Mit der Auserwählung hast du
die schwere Last der Verantwortung verbunden.
Du wählst Menschen, ja ein ganzes Volk, aus
– immer für andere.
Das Für-andere-Dasein ist das Merkmal
deiner Auserwählung.
Der Auserwählte vertritt *alle* Menschen bei dir
und dich bei allen Menschen.
Die Auserwählung im und für dein Volk
bedeutet Übernahme der Verantwortung
im Dienst an der ganzen Menschheit
und an der ganzen Schöpfung.

Berufung und Auserwählung
fließen letzten Endes in eins zusammen:

Gott hat mich bei *meinem Namen* gerufen,
bei meinem Namen, den er mir gegeben hat.
»Ich habe dich beim Namen gerufen,
du gehörst mir.« *(Jesaja 43,1)*

*

HERR, *wenn du mich erwählt hast,*
gib mir auch die Kraft
zum selbstlosen Dienst an dem Platz,
wo ich stehe,
und wo du mich hingestellt hast.

Wir sind der Leib Christi.

»Ihr aber seid der Leib Christi,
und jeder Einzelne ist
ein Glied an ihm«.

(1 Korinther 12,27 vgl. auch das ganze Kapitel 1 Korinther 12)

Du bist Mensch geworden,
um die Menschen aus ihrer Isolation
herauszuholen, zu einen und zu vereinigen.
Du hast einen Leib angenommen
in seiner irdisch-menschlichen Verkörperung,
um ganz menschlich auf die Menschen zuzugehen
und sie »dort abzuholen, wo sie stehen«.

Dein Geist,
der in Jesus verleiblicht und verkörpert ist,
geht durch Jesus auf die Menschen über,
die Jesus annehmen.
Jesus gibt uns seinen Leib
in der Verkörperung von Brot und Wein

zur Speise,
damit wir ihn uns »einspeisen«
und einverleiben können.
Durch deinen Geist
und den Leib Jesu
werden wir selbst sein Leib.

Meine Hände werden seine, – deine – Hände;
meine Füße werden seine, – deine – Füße …,
wenn ich mich entschieden habe,
aus dem Geist Jesu, aus deinem Geist zu leben.

Dein Geist eint uns,
wie der Leib die Körperteile eint.
Körper ist nicht die Summe von Teilen,
sondern ihre Einheit.
Der Ursprung der Einheit und ihre Steuerung
sitzt im Kopf.
So ist Christus das Haupt des Leibes,
und wir, die wir Christus angehören,
sind die Glieder.

So wie in jeder Körperzelle
im Prinzip der ganze Mensch enthalten ist,
so ist sein – dein – Geist
das Wirkprinzip jedes Menschen
im Leibe Christi.
Hier gilt im Vollsinn das Wort:
»Einer für alle, alle für einen.«

Vor dir und durch dich
sind alle Menschen gleich –
gleich in der Würde und in der Wichtigkeit
bei ganz verschiedenen Charismen und Begabungen.
Bei dir zählt nicht,
was ein Mensch äußerlich ist und tut,
welches Amt oder welche Funktion er ausübt.
Bei dir zählt nur,
wie stark ein Mensch aus dem Geist Jesu
denkt, handelt und lebt.

Vollkommen gelingt das keinem Menschen;
darum wird die äußere Gestalt des Leibes Christi
unvollkommen bleiben bis zur Vollendung
am Ende unserer Zeit.
So kennzeichnen die blutenden Wunden Jesu
auch den irdisch verkörperten Leib Christi.
Wir müssen das alles, d.h. uns selber,
aushalten, ertragen und erleiden
in der Hoffnung auf die Vollendung
in deiner Herrlichkeit.
»Für den Leib Christi, die Kirche, ergänze ich
in meinem irdischen Leib das,
was an den Leiden Christi noch fehlt.« *(Kolosser 1,24)*

Im »Leib Christi« kommt das Wesen der Kirche
zum Ausdruck.
Du hast deine Kirche durch Jesus
nicht äußerlich, organisatorisch »gegründet«,

sondern innerlich durch das Prinzip Liebe.
Durch dieses Prinzip bewirkst du bis heute
deine Kirche.
Die äußere Gestaltung hast du
uns Menschen überlassen und überantwortet.
Darum ist die äußere Gestalt der Kirche
bis heute eine sündige,
unvollkommene Gestalt geblieben.
So wird man sie auch heute nicht von außen,
sondern von innen her
als Leib Christi erkennen können.

Du hast deine Kirche
auf dem Prinzip Liebe aufgebaut.
Dadurch wird deutlich,
dass alle Menschen, die nach dem Prinzip Liebe,
– Toleranz und Solidarität – leben,
innerlich zu deiner Kirche gehören,
auch wenn sie äußerlich (noch?)
nicht anerkannt werden.

*

HERR, *lass mich überzeugt*
von deiner Liebe
überzeugend in deiner Kirche wirken.

Wir sind Jesu Freunde.

»Es gibt keine grössere Liebe,
als wenn einer sein Leben für
seine Freunde hingibt.
Ihr seid meine Freunde,
wenn ihr tut,
was ich euch auftrage.
Ich nenne euch nicht
mehr Knechte;
denn der Knecht weiss nicht,
was sein Herr tut.
Vielmehr habe ich euch
Freunde genannt;
denn ich habe euch alles
mitgeteilt, was ich von
meinem Vater gehört habe.«

(Johannes 15,13–15)

Du hast deinen Sohn in die Welt gesandt,
damit er uns das mitteilt, was auch uns
zu deinen Söhnen und Töchtern macht.
»Wie mich der Vater geliebt hat,
so habe auch ich euch geliebt.« *(Johannes 15,9)*
»Wie mich der Vater gesandt hat,
so sende ich euch.« *(Johannes 20,21)*
»Empfanget den Heiligen Geist!
Wem ihr die Sünden vergebt,
dem sind sie vergeben ...« *(Johannes 20,22–23)*

Was du uns durch Jesus mitteilst,
und was uns zu Jesu Freunden macht,
ist deine absolute Liebe
mit der Fähigkeit zu vergeben.
Ergriffen und erfüllt von deiner Liebe
werden wir fähig,
sogar unseren Feinden zu vergeben.
Deine Vergebung ist immer da,
aber sie kann sich erst auswirken
und durchsetzen,
wenn wir sie weitergeben.

Die »Vollmacht«, Sünden zu vergeben,
liegt allein bei dir.
Du vergibst allen alles immer;
wir haben den Auftrag,
dies bekannt und erfahrbar zu machen
durch unser beispielhaftes Zeugnis.

Unvergebbar ist nur die *Haltung*
der Unbarmherzigkeit
(das ist die »Sünde gegen den Heiligen Geist«).
Wer sich nicht bekehrt
und weiterhin unbarmherzig bleiben will,
kann an deiner allerbarmenden Liebe
keinen Anteil haben.
Die Wirkung deiner Vergebung
ist an unsere Vergebung gekoppelt.
Du lässt uns alle in deinen Himmel hinein,
aber vertragen müssen wir uns selbst.

Jesus nennt uns »seine Freunde«,
weil er uns alles mitgeteilt hat,
was er von dir weiß.
Er nennt uns ferner Freunde,
wenn wir tun, was er getan hat:
»Liebet einander.«

Indem wir uns für Jesus
als unser Lebensprinzip entscheiden,
werden wir seine Freunde.
Wir sind aber nicht schon
durch eine einmalige Lebensübergabe
Jesu Freunde;
das Freund-Sein ist ein dauernder Prozess
des Freund-Werdens.
Ich komme Jesus immer näher
und damit »näher, mein Gott, zu dir«.

Als Freund Jesu bin ich nicht mehr »Knecht«,
der blind Befehlen gehorcht.
Ich bin in echter Weise mitverantwortlich
für die Verbreitung des Evangeliums:
Mein Gewissen ist letztlich entscheidend für das,
was ich denken, sagen und tun muss,
um den Auftrag Jesu
und meine Sendung zu erfüllen.

Daran ändert auch die Tatsache nichts,
dass sich mein Gewissen irren kann.
Mein Gewissen hat sich immer wieder
zu orientieren und zu korrigieren an der Liebe,
an dir selbst.

Du bist zugegen, wo »geliebt wird«,
d.h. wo Menschen eins
und eines Sinnes sind in dir
und in deinem Evangelium.

Die Freundschaft mit Jesus
macht uns zu seinen Stellvertretern.
Alle Menschen,
die die absolute Liebe verkünden
und nach dem Prinzip Liebe leben
und handeln wollen,
sind Stellvertreter Christi;
sie verbreiten den einzig wahren
und alleinseligmachenden Glauben.

Dir, o Gott und Jesus Christus,
dessen Freund ich geworden bin,
bin ich im Letzten verantwortlich und verpflichtet.
Auch der Gehorsam gegen die Institution
entbindet mich nicht von meiner Verantwortung.
Die sichtbare Gemeinschaft
der Gläubigen, die Kirche,
braucht verbindliche Institutionen.
Aber ich bin als Freund Jesu persönlich
dafür verantwortlich,
dass deine Liebe
in den kirchlichen Verordnungen und Regelungen
wirksam und erfahrbar bleibt.

*

HERR, *lass uns als Jesu Freunde
immer mehr Menschen
für die Freundschaft mit Jesus begeistern.*

Zu den Bildern

»Die vier Elemente« sind das Motiv der Bilder von Sieger Köder. Sie stammen aus einem Glasfenster im Meditationsraum des Zentrums für Umwelt und Kultur im Kloster Benediktbeuern.
Die einzelnen Bildmotive zeigen die lebendige Schöpfung mit ihren verschiedenen aufeinander bezogenen Lebensräumen. Als Ebenbild Gottes ist der Mensch in den Garten der Schöpfung gesetzt, um ihn zu bebauen und zu behüten *(vgl. Genesis, Kapitel 1 und 2)*.

Im Zentrum steht der feurige, energiespendende Sonnenball. Die Berge, deren Spitzen den Himmel berühren, wurzeln in der Erde, die auch den Wald hervorbringt. Die Wiesen mit Gras und Gestein bieten Lebensraum für Schmetterlinge und eine Vielzahl von Insekten.
Im Moor verbindet sich die Erde mit dem Wasser. Versteinerungen konservieren erdhaft das Leben, im Feuchtgebiet leben Schnecken und Muscheln, im Schilf die Kriechtiere. Im Wasser finden die Fische ihren Lebensraum.
Das Wasser geht ungetrennt über in die Luft mit den Vögeln des Himmels. Innerhalb der Schöpfung lebt der Mensch, mit offenen und geschlossenen Augen der Mitte zugewandt. Den Gesichtern ist jeweils eine Rose zugeordnet. Mit ihrer Schönheit steht sie als Sinnbild für die Entfaltung des Menschseins und des gesamten Lebens.
Zwei Zugangswege zur Schöpfung verdeutlichen Franziskus von Assisi und Hildegard von Bingen:
Franziskus, der hörend mit den Vögeln und Fischen in Kommunikation tritt und sich ihnen mitteilt, nimmt wach und offen mit allen Sinnen die Schöpfung wahr. So entdeckt er ihre Schönheit und Einmaligkeit.
Hildegard wählt den mystischen Zugang zur Schöpfung und erfährt im Umgang mit der Natur, wie sie ihre Heilkräfte dem Menschen schenkt. In ihren Visionen verbindet sie die Vernunft mit dem Gefühl und der

Erfahrung. Sie entdeckt so, wie das Geheimnis der Schöpfung immer größer wird und nie vollends zu begreifen ist.

Alle Bildelemente unterstreichen die Kraft und Schönheit der Schöpfung, die dem Menschen Gabe und Aufgabe ist. Gerade hierin liegt die tiefere Beziehung zu den persönlichen Texten von Elmar Gruber. Maler und Beter sehen die Kraft ihres Wirkens nicht in sich selbst, sondern in Beziehung zu dem, der der Ursprung von allem ist. Schöpfung und Mensch sind Ausdruck der liebenden Zuwendung Gottes, auch und gerade wenn die Wirklichkeit andere Rückschlüsse provoziert. Denn der Mensch, der sich selbst in der Kraft und Liebe Gottes getragen weiß, wird sorgsam mit dem umgehen, was aus der gleichen Kraft hervorgegangen ist. Er wird in der Schöpfung die Größe des Schöpfers erkennen, um daraus sich selbst allem Geschaffenen zuwenden zu können.
Bilder und Texte sind so Aufruf zum unbedingten Glauben und Quelle zur Freude und Hoffnung. Nur der Mensch, der sich selbst im Schöpfer verwurzelt weiß, wird die Schöpfung als etwas Wertvolles erleben und Sorge walten lassen. Ausbeutung und Missachtung resultieren letztendlich aus dem Verlust der Verwurzelung, aus dem Kreisen um das eigene Geschaffene. Die Besinnung auf die Schöpfung in diesem ganzheitlichen Sinn eröffnet neue Blickwinkel für das eigene Leben, die über den eigenen Bereich hinausgehen.
Elmar Gruber und *Sieger Köder* lassen Leser/in und Betrachter/in an diesem Glaubens- und Lebenskonzept teilhaben. Sie regen an zu einer neuen Begegnung mit dem Schöpfergott, um daraus neu und heil geschaffen zu werden.

Sieger Köder *ist Pfarrer in Rosenberg bei Ellwangen in der Diözese Rottenburg-Stuttgart. In seiner Tätigkeit als »malender Pfarrer« verbindet er Theologie und Kunst durch die Sprache des Bildes. Seine Fenster, Altarbilder, Plakate und Wandbilder leben von der Vielfalt leuchtender Farben und vom Licht.*

Elmar Gruber *ist Referent für die religionspädagogische Aus- und Fortbildung von Katecheten/-innen und Religionslehrer/-innen im Schulreferat der Erzdiözese München und Freising. In seinen zahlreichen Veröffentlichungen bietet er spirituelle Impulse, die seit vielen Jahren Christen/-innen helfen, sich selbst in ihrer religiösen Bestimmung zu finden.*

Sonntagsgedanken
Betrachtungen und Gebete für alle Sonn- und Festtage
zweifarbig, gebunden mit Lesebändchen
Lesejahr A: ISBN 3-7698-1119-4
Lesejahr B: ISBN 3-7698-1177-1
Lesejahr C: ISBN 3-7698-1249-2

Bilder in mir
Symbolbetrachtungen
Farbfotos, gebunden
ISBN 3-7698-1009-0

Mein Adventskalender
Ein meditativer Begleiter vom 1. Advent bis 6. Januar
grafisch gestaltet, Spiralheftung
ISBN 3-7698-1176-3

Mein Fastenkalender
Ein meditativer Begleiter von Aschermittwoch bis Ostern
grafisch gestaltet, Spiralheftung
ISBN 3-7698-1220-4